AF247884

ENTRETIEN

D'UN

CURÉ DE CAMPAGNE

ET D'UN

SOUS-PRÉFET DE LA RÉPUBLIQUE

PAR

M. l'abbé J. SUBILEAU

Curé de Saint-Saturnin.

12 MARS 1872

ANGERS

E. BARASSÉ IMP.-LIB. DE Mgr L'ÉVÊQUE ET DU CLERGÉ,
Rue Saint-Laud, 83.

PARIS

VICTOR PALMÉ, LIBRAIRE-ÉDITEUR
25, rue de Grenelle, 25.

1872.

ENTRETIEN

D'UN CURÉ DE CAMPAGNE

ET D'UN

SOUS-PRÉFET DE LA RÉPUBLIQUE

ENTRETIEN

D'UN

CURÉ DE CAMPAGNE

ET D'UN

SOUS-PRÉFET DE LA RÉPUBLIQUE

PAR

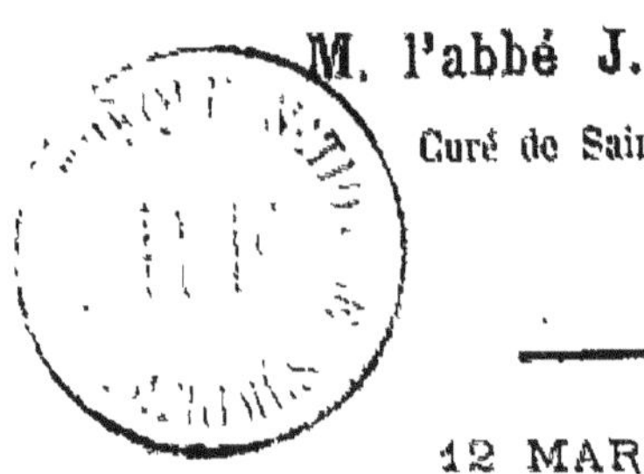

M. l'abbé J. SUBILEAU

Curé de Saint-Saturnin.

12 MARS 1872.

ANGERS

E. BARASSÉ, IMP.-LIB. DE Mgr L'ÉVÊQUE ET DU CLERGÉ,
Rue Saint-Laud, 83.

PARIS

VICTOR PALMÉ, LIBRAIRE-ÉDITEUR
25, rue de Grenelle, 25.

1872.

Saint-Saturnin, 16 juillet 1872.

La poste me rapporte aujourd'hui, sur la demande que j'en ai adressée à celui à qui je les avais expédiées le lundi 18 mars, ces quelques lignes, résultat d'une conversation tenue le mardi précédent.

La lecture que j'en fais, me donne la pensée qu'elles peuvent trouver écho dans certains esprits; et je prends le parti de les faire imprimer, sans plus ample examen, telles que je les ai écrites, à peu près au courant de la plume, avec ce qu'elles contiennent d'in-correct et d'inachevé.

Saint-Saturnin (Maine-et-Loire), le 15 mars 1872.

CHER MONSIEUR,

Je tiens sans trop de retard la promesse que vos instances réitérées m'ont arrachée, d'écrire et de vous envoyer le résumé de notre conversation de mardi dernier. Je ne sais si j'y ai omis quelques-unes de vos questions, et des idées que nous avons discutées dans ce débat intime, où votre loyauté et votre désir du vrai, m'ont fait trouver tant de charmes. Tout d'abord, quand j'ai eu la bonne fortune de faire votre connaissance, nous semblions bien loin de pouvoir nous rencontrer dans un ensemble de pensées aussi complet; car votre position et la mienne, la notoriété de vos principes politiques et l'opinion que le public en a déduite, tout paraissait de nature à nous séparer au lieu de nous unir. Ce n'est pas la première occasion qui m'est fournie, de reconnaître que deux hommes de bonne foi, recherchant dans un mutuel exposé de leurs convictions, non le triomphe de leurs idées, mais la vérité, s'entendent avec la plus grande facilité, et contractent pour la vie une liaison basée sur une sincère estime. Bien malheureusement pour moi, l'éloignement met obstacle au retour d'entretiens comme celui que la Providence, sous le voile de l'ennui d'un voyage, nous a ménagé. Si dans les rares loisirs que vous laisse votre sollicitude pour vos nombreux administrés, il peut vous être agréable que nous traitions encore, par correspondance, quelques questions sociales, vous me dédommagerez du regret qui me reste, après vous avoir connu, de ne plus vous voir.

Je vous autorise pleinement, Monsieur, à communiquer aux deux amis dont vous me parliez, l'écrit que je vous envoie, et même à en faire tel usage qu'il vous conviendra. Seulement je sollicite de votre bon vouloir pour moi, que vous plaidiez la difficulté de condenser en quelques pages, le résultat d'une conversation de quatre heures, et que vous me fassiez absoudre de la forme aride et du ton trop doctrinal, dont je m'aperçois qué mon travail est entaché.

Voici donc, autant que je me les suis rappelées, et dans l'ordre où elles se sont produites, vos questions et mes réponses, non dans leurs termes précis, mais dans leur sens exact.

J. SUBILEAU,

Curé de Saint-Saturnin.

ENTRETIEN

D'UN

CURÉ DE CAMPAGNE

ET D'UN

SOUS-PRÉFET DE LA RÉPUBLIQUE

I.

Comment expliquez-vous la conduite de la Providence dans les malheurs de la France ? S'il est vrai que Dieu s'occupe de nous, il faut convenir qu'il ne nous ménage pas les étrivières.

Il y a une grande similitude dans la conduite de la Providence vis-à-vis des individus et vis-à-vis des peuples.

Les individus, pour accomplir les missions si diverses qui leur sont confiées en ce monde, ont besoin de l'assistance, de *la grâce* de Dieu ; et cette *grâce*, ce secours de *notre Père*, est en rapport admirable et complet avec notre situation, notre âge, notre complexion, nos misères. Bien plus que la mère la plus tendre et la plus sagement vigilante, Dieu nous suit, nous soutient, et sait allier, par un mystère d'amour et de justice, l'aide qu'il nous donne et la liberté qu'il nous laisse, afin de reconnaître le mérite de nos œuvres et notre droit à la récompense. Comme il est père, il aime à agir avec douceur et force; et comme il apprécie bien mieux que nous, nos véritables intérêts, il ne recule pas devant l'avertissement sévère, devant les peines du temps, pour nous épargner celles de l'éternité.

Même conduite de la Providence pour les peuples, avec cette différence essentielle que leur destinée n'est que temporaire, mais proportionnée dans sa durée, son bien-être, sa gloire, à la pratique des vertus sociales. L'édifice de ces vertus est une voûte dont la clef est la religion; et si vous jetez un coup d'œil rétrospectif sur l'histoire, vous reconnaissez, avec la clarté de l'évidence, que la vitalité de toute nation a toujours été en raison directe de sa foi pratiquée.

II.

Votre réponse tend à faire croire que le défaut de religion est la cause de nos désastres. J'accorderais volontiers que si les communards en avaient eu quelque peu davantage, ils auraient été peut-être plus contenus dans leurs appétits de désordres. Mais laissons de côté ces quelques membres gangrenés, et moins nombreux qu'on ne le veut dire. Ce qui nous manque, ce n'est pas tant la religion que le patriotisme. La guerre contre les Prussiens, et surtout l'abandon des devoirs civiques, le prouvent surabondamment. D'ailleurs lès questions religieuses ne sont-elles pas d'ordinaire les plus embarrassantes pour un gouvernement? C'est assurément leur grande pierre d'achoppement. Aussi la loi, en France, a-t-elle fait preuve d'une grande sagesse, en les laissant, autant que possible, de côté, et en abandonnant à chacun le soin de servir Dieu comme il l'entend.

Le patriotisme que vous invoquez, et qui produit la cohésion des forces, résultat de l'amour de tous, dans une action commune, la défense de la patrie: c'est précisément la mise en pratique du principe élémentaire de la religion, qui est l'oubli de soi, le dévouement à ses frères, le sacrifice en vue d'une éternelle récompense. L'idée du sacrifice s'exalte proportionnellement à l'idée religieuse. Pas de foi sans sacrifice, sacrifice de soi, amour de tous, *patriotisme* : conséquence rigoureuse, certaine, inéluctable de la foi pratique. Tous les peuples antiques, aussi bien que les peuples modernes, en donnent la preuve ; et, appliquée à la foi chrétienne, cette preuve se fortifie de toute la supériorité de la religion de Jésus-Christ sur les autres. Quelles que soient vos manifestations religieuses, vous n'êtes homme de foi, vous n'êtes religieux, que si vous êtes homme de sacrifice. Et vous n'êtes homme de sacrifice *à l'état permanent*, et pour *toutes* œuvres de justice, que si vous êtes chrétien. Une exaltation quelconque peut produire, en dehors de la pratique chrétienne, un sacrifice passager, même sublime ; mais la foi seule, mise en pratique, donne le sacrifice à l'état soutenu.

Toute cause qui affaiblit la foi, affaiblit d'autant

l'esprit de sacrifice, et toute cause qui affaiblit l'esprit de sacrifice, réagit contre la foi.

Or, une cause qui a contribué grandement à l'amoindrissement de la foi, et, par voie de conséquence, à celui de l'esprit de sacrifice, du patriotisme, en France, depuis près d'un siècle, c'est l'indifférence de l'Etat en fait de religion, j'oserais dire l'athéisme de l'Etat. Ne reconnaissant que la sanction du temps, il a détruit la foi. Je comprends qu'on respecte, qu'on protége une religion qui n'est pas la sienne, qu'on accorde toute liberté au culte d'autrui; mais n'en vouloir prendre aucune pour soi, c'est proclamer l'indifférence, l'incroyance absolue, l'athéisme légal. C'est, par voie de conséquence, étant donnée la faiblesse de l'homme, arriver à faire, dans tous les degrés de la hiérarchie, des fonctionnaires indifférents, et à n'y admettre qu'exceptionnellement des sujets religieux, sous prétexte d'éviter les conflits, et d'assurer aux subordonnés la liberté sans ombre de pression; c'est l'Etat enseignant, par l'exemple, l'incrédulité au moins apparente, et minant inévitablement sa base; c'est même sembler jeter hors la loi, hors la patrie, les âmes les plus ferventes et conséquemment les plus capables d'héroïsme ; c'est égarer l'opinion sur ces âmes, et préparer un antagonisme terrible, en froissant leurs plus nobles sentiments, et en les signalant aux passions toujours aveugles de la foule, aux jours de crise et de malheurs.

L'affectation du gouvernement, en France, à reléguer la foi religieuse dans le domaine privé, à n'attacher aucune importance légale à l'observation des devoirs religieux, à se tenir, se diriger, se réglementer, légiférer, dans une voie très-ostensiblement séparée, sinon légèrement hostile, de la voie religieuse : cette attitude systématiquement prise et soutenue depuis longtemps, ne pouvait avoir d'autre résultat que l'affaiblissement général de la foi. Or, l'affaiblissement de la foi amenant l'affaiblissement de l'oubli de soi, du dévouement, du sacrifice, du patriotisme, donne à l'homme, dans la même mesure, l'esprit d'égoïsme, la faim des jouissances et des jouissances immédiates. Cette faim passe dans les exigences de sa nature ; et pour suspendre, sinon pour conjurer les troubles, les révolutions, le sens-dessus-dessous social, l'Etat est entraîné à marcher dans une voie parallèle, à accepter ces exigences, à donner satisfaction aux passions montantes ; et enfin à sombrer sous leurs vagues qui s'élèvent en tempêtes. N'est-ce pas là l'histoire du dernier empire ?

III.

Je vous comprends, revenons à la religion d'Etat. Rétablissons
la congrégation ; donnons aux jésuites, comme dans cer-
taines années de la Restauration, la feuille des bénéfices.
Que les emplois les meilleurs soient pour les plus dévots
ou les plus hypocrites.

Si l'affranchissement de toute religion dans le
pouvoir est une source de décadence pour un
peuple; en même temps qu'elle précipite infailli-
blement et à bref délai le pouvoir dans l'abîme,
il faut convenir que la religion entre les mains
du pouvoir qui veut s'en servir comme moyen,
est une arme dont il lui est difficile d'user sans
se blesser, et souvent à mort. La religion doit
conduire les hommes directement à Dieu ; et sur
cette route, s'ils la suivent, ils rencontrent l'observation de tous leurs devoirs les uns envers les
autres. L'homme appelé au périlleux honneur de
conduire ses semblables, sera sûr que ses subordonnés lui seront soumis dans la limite de la
justice, s'ils sont fidèles à leurs devoirs religieux.
Il se perdra, du jour où il voudra faire de la religion de ses subordonnés un instrument de
gouvernement. Dès que le faible, le simple,
l'homme dépendant, croit entrevoir dans celui
qui le domine par l'autorité de la position hiérar-
chique, de la science, de la fortune, absence de

religion, ou la religion adoptée comme moyen d'asservissement, il est fortement tenté de rejeter tout frein, et de s'abandonner à ses passions, quelque part qu'elles l'entraînent. Aussi suis-je bien convaincu, qu'à notre époque où tout est vu, discuté, compris, la plus grande faute que commettrait un gouvernement, surtout en France, serait de se servir de la religion comme vous l'entendez. Mais s'il est vrai que la religion pratiquée par conviction, sincèrement, sans arrière-pensée de se recommander et de parvenir, est le lien le plus puissant de morale, l'école la plus efficace des devoirs chez les gouvernés, pourquoi serait-elle moins nécessaire aux gouvernants? Et s'il est également vrai que les sociétés, comme les individus, sont sous la dépendance absolue de Dieu, ne peuvent exister ni se mouvoir sans lui, pourquoi seraient-elles, plus que les individus, exemptes d'hommages à lui offrir? Ne puisent-elles pas même, ainsi que ceux qui les régissent, une obligation plus rigoureuse dans les nécessités de l'exemple, et l'intelligence plus nette des intérêts sociaux?

IV.

Ainsi vous estimez que deux causes principales ont de longue main amené nos malheurs : l'absence de religion dans l'État, et les tentatives de l'État à vouloir se servir de la religion pour gouverner. Mais ces causes ne datent pas d'hier, et il est surprenant que leurs effets aient tant tardé à se manifester, et qu'en se manifestant ils aient éclaté presque subitement. Après tout, nous ne sommes pas tous des impies, et Dieu qui est juste, ne nous anéantira peut-pas pour les sottises de ceux qui nous ont gouvernés.

Depuis longtemps en effet, à des époques et à des degrés divers, la France a subi dans sa foi et conséquemment dans son patriotisme, l'influence de ces deux causes de ruine. Mais dans un peuple où la grandeur des sentiments et des actes est, en quelque sorte, de tradition, parce que sa nature généreuse et profondément chrétienne y semble portée particulièrement, la foi ne périt pas instantanément et totalement. Cet arbre robuste, à côté de ses branches desséchées et vermoulues, pousse sur son vieux tronc des rejetons à sève riche et abondante, où la vie se transmettra longtemps encore. Qui nous dit même que la partie morte disparaissant au souffle des tempêtes, l'arbre ne se refera pas de ses jeunes rameaux, ne gardant plus, dans une gloire nouvelle, que les cicatrices de ses défaillances, pour se prémunir, au souvenir du passé, despérils de l'avenir ?

Mais pour qu'il en soit ainsi, il faut que la France discerne l'action si visible de Dieu dans les événements présents.

La France est tombée des hauteurs de sa foi et de son patriotisme, dans l'égoïsme, la mollesse, le besoin des jouissances. Elle n'est plus le peuple type, fort, chevaleresque, beau, élu de Dieu pour porter le drapeau de l'indépendance chrétienne aux extrémités du monde. Pour les causes que nous avons signalées, elle est déchue comme peuple, comme nation, beaucoup plus que comme collection d'êtres. En France les individus sont bien meilleurs que la Société ; et, en raisonnant au point de vue chrétien, on reste persuadé que la France ne trouve grâce devant Dieu, qu'en considération des vertus de grand nombre de ses enfants.

C'est donc à la France comme société gouvernée, comme peuple, comme nation, que s'adresse le fléau de la situation présente. C'est de la part de Dieu un châtiment et une invitation de retour. Si la nation le comprend et entre dans les intentions de Dieu, elle est sauvée. Si elle continue à méconnaître Dieu, à ce moment suprême, elle est peut-être perdue.

V.

Mais quel est donc le gouvernement assez sagement religieux qui peut nous sauver? Évidemment vous me réservez le comte de Chambord.

Ne descendons pas au niveau de ces gens qui dissertent sur le gouvernement qui peut nous sauver, et qui, tout en dissertant sans jamais trouver une conclusion, nous laisseront couler au fond de l'abîme. Dieu sauve un peuple par toutes les formes de gouvernement ; et il entre dans l'harmonie de ses plans, de le sauver plus ordinairement par celui qui est le plus en rapport avec ses mœurs, ses aptitudes, les nécessités de son histoire, les conséquences des faits accomplis. Or, aujourd'hui l'Europe, et surtout la France qui marche en avant, subissent un travail de transition, de transformation. Le morcellement de la propriété, l'égalité des droits civils et politiques, la diffusion de l'instruction, constituent forcément un état nouveau qui n'est plus le pouvoir autocratique, mais celui du peuple se faisant gouverner par mandat. Que le mandataire s'appelle consul, président, roi, empereur, peu importe ; il n'est plus que le chargé des affaires de tous, et l'oubli de sa mission est le signal de sa chute.

VI.

Comment, cher curé, vous faites aussi litière du droit divin !
vous le sacrifiez au droit de la souveraineté du peuple !
Ah ! nous sommes d'accord ; donnez-moi la main, car je ne
suis pas moins enchanté que surpris de vous voir des
nôtres.

Il n'y a point ici de conflit entre le droit divin
et la souveraineté populaire. Deux principes en
conflit, c'est une contradiction dans les termes ;
car qui dit principe, dit vérité ; et deux vérités ne
peuvent se contredire.

Il n'y a qu'une vérité, qu'un principe, Dieu.
Toute vérité est une émanation de la substance
divine. Les vérités rayonnent de Dieu comme la
lumière rayonne du soleil. La chambre la mieux
éclairée est celle où la fenêtre est plus grande ou
plus pure. L'intelligence de Newton avait reçu
de Dieu une plus grande ouverture ; celle de
Germaine Cousin, la simple bergère, recevait à
cause du soin qu'elle mettait à nettoyer son âme,
un épanouissement merveilleux de la lumière
divine. Dieu, c'est-à-dire le bien, le juste, le vrai,
les principes féconds en bonheur, se répand
dans l'âme d'un peuple comme dans l'âme d'un
homme, dans la proportion où cet homme, ce
peuple, libre dans sa détermination, mais diver-
sement sollicité, sait mettre sa volonté en con-

formité avec la volonté de Dieu. Toutefois en raison des mesures différentes où il a plu à ce *souverain* sans contrôle, de constituer les facultés physiques et spirituelles dans les individus et dans les états, il a voulu que les rayons qui arrivent de lui, ne les frappassent que par le contre-coup des conditions de vie qu'il leur a imposées ou qu'ils se sont faites : la santé, la famille, le travail, les préventions, suites de l'éducation, de l'ignorance, des passions. Dès lors, rien d'absolu ; pas de vérité, pas de principe qui, dans son application, ne subisse la loi d'une relation. Et l'on peut dire qu'ici se trouve le nœud de toutes les difficultés de ce monde. Plus on est pénétré de cette vérité fondamentale, moins on est exclusif, plus on est miséricordieux, plus on est juste, plus on est aimé du Père céleste. Deux hommes sont animés d'un égal désir du bien ; mais leurs préjugés d'enfance, la différence d'ouverture d'esprit de l'un et de l'autre, amènent forcément diversité dans l'interprétation, et l'application d'un même principe, et font souvent obstacle à la bonne entente.

Si l'on pénètre quelque peu dans l'étude de l'humanité, on y trouve tout d'abord moins de perversité que d'amour-propre ; mais l'amour-propre engagé dans une affaire, la rend souvent insoluble, quelquefois même conduit les hommes à la perversité. En ce moment la question d'amour-propre menace en France de tuer la Patrie.

La machine qui marche le mieux, est la plus simple. Aux temps où les gouvernements avaient peu de moteurs, les difficultés politiques étaient moindres. Aujourd'hui que chacun apporte non-seulement son effort physique, mais l'effort de ses connaissances nuancées à l'infini, le gouvernement se remue, et ne marche pas. Si donc les individus formant un peuple, mettaient de côté la vanité, tant surexitée de nos jours, d'être pour quelque chose dans le mouvement général, et consentaient à en confier la direction à un moteur bien choisi dont ils s'engageraient à suivre l'impulsion, il est évident que le calme dans la marche et l'avancement dans la voie, résulteraient de cette sage détermination. Mais outre la vanité qui pousse à mener et à n'être pas mené, il y a la prétention des partis dont chacun n'admet que son moteur exclusif. Tout cela, question d'amour-propre. Vous voulez mener, eh bien ! menez par votre délégué, et vous maintiendrez ainsi vos droits de citoyen. Les partis ont des prétentions à faire prévaloir leurs représentants : question de mots. L'épouvantail est pour les uns le nom de roi ; pour les autres le nom de république, pour tels le nom de démocratie. Si nous faisons à tous l'honneur d'exclure de leurs vues secrètes toute pensée d'intérêt personnel, de désir d'emploi, et si nous leur supposons uniquement la faim du bien public, il nous paraît que rien ne s'oppose à l'unité d'action gouvernementale, à la fusion des partis les plus tranchés, parce qu'il n'y a point, il ne peut y avoir de principes en conflit. Les malcontents ne seront plus que les hommes incapables de s'élever à une idée politique, les malfaiteurs, les égoïstes, les communards, les gens à éclairer, ou à séquestrer s'ils refusent la lumière, mais non à craindre ni à écouter.

Ecartons les dénominations de roi, d'empereur, de république, de démocratie, et adoptons le mot d'*autorité*, pour ne froisser personne. Qui est ce qui niera que l'autorité peut devenir également abusive, oppressive, quelle qu'en soit l'appellation, et quelle qu'en soit la forme ?

Vous n'avez de maître que Dieu ; et comme vous êtes faits pour vivre sous l'œil de Dieu, non à l'état d'isolement et de barbarie, mais à l'état de société, il vous faut adopter et suivre une idée commune, c'est-à-dire unique, qui préside à la répartition des droits et des charges de chacun. Vous avez besoin d'une autorité dirigeante qui soit dépositaire des intérêts de tous, et possède la puissance de les faire respecter. Cette autorité, chargée de vos intérêts terrestres, vient de vous tous ; elle reçoit son mandat de la société ; et même à sa plus haute expression, le roi, elle est née et a puisé sa force dans l'élection du peuple. Si Dieu s'est réservé parmi vous le choix de ceux à qui il donne mission de vous enseigner et de vous annoncer sa loi, de vous dispenser ses grâces, en même temps qu'ils sont près de lui les interprètes de vos prières, il lui a convenu

de vous abandonner, à vous, le choix des déposi-
taires de l'autorité temporelle. Mais ce choix
étant fait, soit par une élection première, libre,
éclairée, soit par un consentement donné après
de graves événements, Dieu vous commande
d'entourer, pour votre propre avantage, de respect et de soumission l'autorité que vous avez
choisie ou acceptée. Une nation risque trop de
faire naufrage quand son gouvernement coule,
pour que la Providence soit insensible à de tels
périls. Et si l'autorité que s'est constituée un
peuple, fournit des preuves suivies de sagesse,
d'élévation, de dévouement aux grands principes
sur lesquels reposent les intérêts de la divine
paternité, donne satisfaction, dans la mesure de
la faiblesse humaine, à la sollicitude de Dieu sur
vous ; on comprend que cette autorité, que cette
forme de gouvernement soit l'objet de la bien-
veillance divine, et que, sans que lui soient mé-
nagés les avertissements sévères, les châtiments
mêmes pour ses écarts et ses crimes, cette autorité, cette forme de gouvernement continue
d'être recommandable aux yeux du souverain
maître dont la miséricorde est sans bornes,
comme elle devrait l'être aux yeux des hommes
dont la clairvoyance faiblit, à mesure que montent,
avec leur orgueil, les exigences de leurs passions.

Attribué aux gouvernements de ce monde, le
droit divin, envisagé du côté du peuple, n'est
pas autre chose que la prohibition faite à des

sujets insubordonnés de se révolter contre une autorité établie. Envisagé dans le représentant de cette autorité, c'est le devoir de ne pas délaisser une mission qu'il a reçue du peuple et que Dieu a sanctionnée. C'est cette loi de morale qui commande au fils de respecter son père, et au père de maintenir ses droits à la soumission de son fils. C'est, à son degré le plus élevé, cette loi sociale qui maintient la hiérarchie sans laquelle il n'y a pas plus de société possible que de branches sans tronc, de feuilles sans nervures, d'édifices sans fondations.

Une question grave se présente, à savoir si le droit de la famille des Bourbons, consacré par une possession tant de fois séculaire, est périmé ou seulement interrompu par nos révolutions successives. Mais laissons cette question dans le domaine de la théorie, et raisonnons sur les faits présents et non discutables.

Aujourd'hui qu'en France tout est renversé, et qu'une autorité provisoire, sans base solide, se maintient péniblement en équilibre entre les partis, sans lendemain assuré, le peuple, à moins de périr dans l'anarchie, doit constituer une autorité définitive qu'il revêtira de son mandat. Je crois que là-dessus nous sommes d'accord.

Nous avons dit que tout principe dans son application est soumis à des exigences relatives. Aujourd'hui une royauté absolue est-elle possible ? Non. Si pendant de longs siècles elle avait sa raison d'être, je dirais ses nécessités d'être, aujourd'hui le roi ne peut plus être que le gérant de la chose publique, non de la révolution avec ses confusions de droits et de devoirs, mais le premier des gens honnêtes, capables, dévoués, illustres, commandant le respect et rendant l'obéissance facile par la confiance et la vénération qu'il inspire, en un mot Le Roi ; non le roi du septième ou du quinzième siècle, mais le roi du dix-neuvième siècle, prenant en main la gestion des affaires de la patrie, après les conquêtes que le peuple a faites sur le pouvoir absolu, après le droit qu'il retient de surveiller ses mandataires au gouvernement de ses intérêts, après les habitudes et le goût qu'il a pris, bien au détriment de son repos et de son bien-être, au mouvement général ; en un mot, dans une situation telle que le chef de la nation ne puisse se mouvoir qu'entouré d'une représentation nationale, dans son unique mission d'*exécuter* la volonté nationale.

Dans cet état incontestablement imposé par les faits, la question d'*autorité*, de gouvernement, me semble simplifiée, et ramenée à une question d'amour-propre, à une question de mots. Vous voulez vivre en république ? Est-il république plus réelle que celle-là ? Et qu'importe que le chef s'appelle roi, président, consul ? Pour vous représenter, prenez le plus digne, prenez le premier, le Roi, et n'attachez qu'une importance secondaire à son titre. Heureux serez-vous si, concédant le titre et maintenant l'institution, vous ralliez à l'unité, à la patrie, les inintelligents et les obstinés, ainsi que les hommes honorables et précieux à qui de chers souvenirs rendent bien dures les nécessités présentes !

Le droit divin et le droit de la souveraineté du peuple, loin de se faire échec, ne sont-ils point, dans ces temps affreux, appelés à s'enlacer pour se fortifier et nous sauver ?

On ne peut assez réfléchir sur ce fait politique de transformation qui, depuis un siècle, s'élabore au sein de l'Europe. En France, malheureusement, le tempérament est trop ardent, voilà pourquoi des douleurs intolérables commandent ces temps de repos ; et le péril d'une marche trop précipitée nécessite des instants d'arrêt, et parfois des retours en arrière. N'est-ce pas là une des causes secondes employées par la justice divine, et qui donne l'explication de ces fatigues intestines, de ces perturbations, de ces fureurs d'une passion politique allant souvent jusqu'à la tyrannie et à la démence, et qui accusent si tristement la perte de la foi, et dès lors du vrai patriotisme ?

VII.

Votre raisonnement me subjugue ; mais il me fait douloureusement renoncer à un agréable rêve, celui de l'égalité fraternelle entre citoyens d'une même patrie où chacun et tous jouissent des mêmes droits et peuvent remplir les mêmes fonctions.

Vous voyez ce chêne magnifique qui porte si haut et si loin, comme il convient au souverain de cette plaine, ses branches et son feuillage. Chaque radicelle, comme chaque feuille, fait au tout son apport d'aliment et en reçoit sa part proportionnelle de vie, la part précise à ses besoins. A l'aspect de ce rayonnement de bien-être, d'écoulement jusqu'aux dernières fibres, de la vie commune, sans confusion des organes, tous distincts, et tous rassasiés dans l'ordre et dans la mesure ; à l'aspect de cette splendeur, n'êtes-vous pas satisfait? C'est que dans cet état, dans ce gouvernement, dans cette société d'êtres sans nombre composant cette belle patrie, ce grand chêne, il n'y a pas compétition d'influences ; la feuille n'aspire pas à devenir le tronc : la racine n'a pas l'ambition d'être la cime. Chaque membre accomplit la mission qu'il a reçue du Créateur. C'est le Créateur qui marque à chacun sa place et sa fonction, qui dispense à chacun la quantité de sève en rapport avec la destination qu'il lui impose. Voilà pourquoi ce rameau s'est élevé plus que ceux qui l'entourent, parce que la sève et la lumière ont abondé davantage, comme dans les sociétés humaines les intelligences qu'il a créées plus ouvertes, si elles s'illuminent à ses rayons, sont appelées par lui à s'élever au-dessus du vulgaire. Le bien-être de chacun et de tous résulte de l'ordre universel, où chacun est à sa place dans le tout. Il y a une dépendance corrélative de tous les éléments, dont chacun fonctionne selon sa fin, et de tout cela ressort l'unité. Et plus est prononcée l'unité, plus est distinguée la société. Car il en est des êtres organisés collectivement, comme des êtres organisés individuellement. Si peu que nous soit ouvert le grand livre de la nature, il nous est facile de remarquer que toutes les parties constitutives d'un être vivant, non-seulement prennent leur part à la vitalité générale dans la proportion de la contribution qu'elles y apportent, mais encore que ce qui est l'essence de la vie se centralise en proportion de la supériorité du genre. Le plus élevé dans l'échelle des êtres sortis de la volonté divine, le plus rapproché de la perfection, localise le principe vital autant que l'épand le moins parfait. Le polype, animal encore, mais se confondant presque dans la pénombre du végétal, n'a pas plus l'essence de la vie dans une partie que dans une autre ; tandis que l'homme, roi de ce monde, la garde dans ses parties nobles ; si vous le frappez au cœur ou au cerveau, il est foudroyé. Gardons-nous de faire des Français une société de polypes, sous prétexte d'égalité mal comprise, et d'une application impossible parce qu'elle est contre nature. Que chaque homme, chaque cité, chaque province, accepte sa mission individuelle, et s'y rassasie aussi sûrement que légitimement. Comme les corps de densité différente plongés, dans le même milieu, prennent naturellement leur hauteur relative, le mérite distinguera et mettra les hommes à leur place, non avec une certitude mathématique qui ne s'applique point à l'ordre moral, mais avec un ensemble de justice proportionné au degré de patriotisme de la nation. Qu'il y ait unité dans les idées, les efforts, l'amour, et tous participeront à l'action de la chose publique, à ses joies et à ses peines, à sa richesse et à sa détresse, avec équité et avec le calme qui accompagne la résignation, la force, la grandeur.

VIII.

Un mot encore, car, à mon grand regret, la fin du voyage approche. Est-ce qu'il n'aurait pas suffi de nos douleurs intestines, de nos déchirements intérieurs ? Pourquoi cette horrible guerre étrangère qui, en précipitant nos malheurs, les a si horriblement aggravés ? La guerre ! l'esprit moderne avec ses moyens de communication, de fusion d'intérêts, espérait la conjurer ; et elle est venue plus brutale, plus terrible que jamais.

Je ne puis avoir la prétention d'interpréter les vues de Dieu dans tous les événements qui se précipitent. Cependant à cette dernière question, j'ai peut-être une réponse. La guerre est un problème insoluble à quiconque ne s'élève pas au-delà des considérations d'une philosophie purement humaine. Qui est-ce qui expliquera comment, pour une parole injurieuse·dite à un homme, voilà que deux peuples se dévorent pendant un quart de siècle ? Évidemment les conséquents ne sortent pas du fait ; le fruit n'est pas renfermé dans le germe. La guerre est un instrument de la justice de Dieu qui sait, quand il en est temps, la faire surgir des causes secondes, selon son mode de gouvernement à lui, et l'infliger avec un degré d'intensité proportionné au but qu'il veut atteindre.

Dieu tient en ses mains, pour châtier les hommes, grand nombre de fléaux ; mais quand il juge opportun de les punir dans leur état d'aggrégation, comme une ville, une contrée, les instruments ordinaires de sa justice sont la peste et la famine. La guerre est réservée pour châtier les peuples en tant que nations ; et la guerre traîne souvent à sa suite, par régions, la famine et la peste.

La guerre infligée à une nation, s'étend aux citoyens, dans la mesure de leur participation au gouvernement de la chose publique. Aux temps de la féodalité, la guerre ne descendait pas jusqu'au peuple, occupé, dans l'ignorance des événements politiques, aux labeurs paisibles des champs. Elle était le fait des seigneurs ; et une armée n'était pas à dédaigner, quand elle réunissait cinq cents lances. Plus tard, quand la gestion des affaires publiques fut partagée entre un plus grand nombre, les armées augmentèrent. Nos grands capitaines des derniers siècles, alors que la bourgeoisie commençait à faire invasion dans les droits affaiblis de la noblesse, commandaient à huit, à quinze mille combattants. Aujourd'hui que tout le monde participe, par l'égalité des droits, au gouvernement de la chose publique, la guerre, châtiment de Dieu, affecte toutes les familles. Pas une qui n'ait, dans une proportion quelconque, mais prochaine sinon immédiate, à en supporter les horreurs. Les armées sont d'un million d'hommes. Les peuples se ruent les uns sur les autres, et sont, les uns pour les autres, vaincus comme vainqueurs, les instruments de la justice divine.

Nous sommes tous solidaires du châtiment infligé à la nation, parce que nous sommes tous solidaires de la méconnaissance, de l'oubli, du mépris de Dieu, dans les mœurs, dans les lois, dans la politique de la nation. *Officiellement*, socialement, nationalement, Dieu est rejeté ; son nom n'est pas même prononcé dans les documents publics. La nation veut faire ses affaires sans Dieu. Dieu l'abandonne à elle-même, à sa vanité, à sa nullité, au vertige, à l'imbécillité. Il la laisse dériver vers le néant. Ainsi les plus grands peuples ont-ils disparu des fastes de ce monde, et n'existent-ils plus que dans l'histoire.

Et qu'on ne parle pas d'actions héroïques isolées, de combats partiels surhumains : cela prouve ce que la France serait encore avec le tempérament que Dieu lui a fait, si l'âme ne lui manquait pas, si elle avait voulu conserver Dieu.

Dans la balance de la Providence, une suspension, un certain équilibre, arrête les destinées de la France. D'une part, la nation, incrédule et athée, incline à l'abîme. D'autre part, les grandes œuvres des sociétés chrétiennes, les sublimes vertus des âmes pieuses, la puissance de la prière empêchent les décrets de la justice éternelle.

Le salut serait assuré si la France, comme société, comme peuple, comme nation, dans ses lois, dans son gouvernement, dans les mœurs publiques, revenait à Dieu.

Angers, imp. E. Barassé.